新装版

朝入れるだけで ほかほか & ひえひえ

スープジャーで作る すてきな ヘルシーランチ

金丸 絵里加

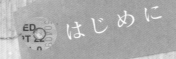

はじめに

みなさんはどんなランチを食べていますか?
お弁当屋さんやコンビニを利用している方、
近隣のレストランやカフェを利用する方、
お弁当を作って持参する方……。
ランチ事情は多種多様ですが、手作りのお弁当はいいものですね。
自分で選んだ食材を使い、彩りを考えて作っていると、おのずと栄養
バランスもととのえられます。しかしながら手作りランチにも、「食事
が冷たい」「汁物が入れられない」などの弱点がいくつかあります。

スープジャーは、温かいものを温かいまま、冷たいものを冷たいまま
持ち運ぶことができる便利なアイテムです。しかも、ジャーの保温
効力を活用すれば、朝材料を入れるだけで、お昼時にはほか
ほかのお弁当が完成します。
今回のレシピは、忙しい方にも、出来るだけ簡単に、だけ
どバラエティーを広く、いろいろな味を楽しんでいただけ
るようにと作りました。
スープジャーに、栄養とおいしさをたっぷり詰め込んで、
ランチタイムを楽しんでください。

金丸絵里加

ほかほか
スープランチ

3

contents
目次

chapter *2*　和・洋・中・エスニック

ごはんと麺のランチ＆スープ

chapter *3*　主食にプラス！

おいしい副菜おかず

contents 目次

番外編

スープジャーはこんな使い方もできる!

本書の使い方

★材料の表記について

1カップ ――	200cc（200ml）
大さじ1 ――	15cc（15ml）
小さじ1 ――	5cc（5ml）
少々 ――	固体:親指と人差し指の2本でつまむ量 液体:1～2滴分
適量 ――	ちょうどよい量を加減しながら入れる
適宜 ――	お好みで加える。入れなくてもOK

※スープジャー本体を温める熱湯は、材料に含まれていません。目安として料理に使用する熱湯と合わせて600ccほどご用意ください。

★アイコンについて

保温調理が完了しおいしく食べられる時間を「食べごろ目安」として表記しています。

1人分のカロリーを表記しています。

★その他

・本書のレシピは、サーモス「真空断熱フードコンテナー JBJ-300」（容量300ml）を使用し、作りやすい量で1人分としています。他の製品を使用する場合は、取扱説明書に従って使用してください。また、分量を足したり減らしたりすると保温&保冷効力が下がる可能性があります。

・各レシピの写真はイメージです。できあがりは「ジャーの中身をチェック!」を参考にしてください。

・電子レンジは600wのものを使用しています。

ほかほか★　　ひえひえ!

スープジャーのここがスゴイ!

スープジャーは、スープやおかずを熱々・冷え冷えのまま持ち歩ける
人気のフード用コンテナです。
その保温&保冷効力を最大限に生かせば、調理にも使えます。
保温・保冷にすぐれたお弁当箱として
大活躍するスープジャーの魅力をご紹介します。

1 朝パパッと準備してランチタイムにできたてを食べられる!

スープジャーを使えば、忙しい朝でも手軽に作れます。基本的にはスープジャーを温め、切った食材と熱湯を入れ、しっかりフタをするだけでOK。真空断熱構造による高い保温力で、ゆっくりと調理します。本書レシピでは、3時間後を食べごろ目安としています。

2 温かい料理を温かいまま食べられる!

通常、お弁当では、雑菌の繁殖を防ぐため、ごはんやおかずを冷ましてから詰めます。スープジャーでは、作りたてのおかずやスープを熱いまま入れられるので、ランチタイムに温かいままのお弁当がいただけます。夏場、冷房の効いたオフィスでも、冬場、寒い場所でも温かいおかずやスープが楽しめるのです。カラダも心も温まるホカホカお弁当を楽しんでください。

3 冷たい料理を
冷たいまま食べられる！

　保冷効力もすぐれているので、夏場も大活躍します。ジュースやカットフルーツを凍らせて入れれば、いつでも、どこでもシャーベットが食べられます。また、小さなお子様のおやつにもぴったり。本書では、冷たくておいしいサラダなどの前菜や、フルーツをたっぷり使ったひんやりデザートレシピもご紹介しています。

4 汁物（スープ）も
こぼれる心配なし！

　スープジャーは、中身をしっかり密閉するので、スープなどの汁物を入れても大丈夫。しっかりフタを閉めれば、カバンの中でジャーが回転しても、もれることはありません。においももれにくいので、電車の中やオフィス、学校などにも安心して、持ち運べます。

5 手軽に
栄養バランスのとれた
食事ができる！

　外食が続いたり、一人暮らしだと、どうしても栄養バランスが偏ったり、野菜不足になりがちです。スープジャーがあれば、朝サッと準備をするだけで野菜たっぷりのカラダにやさしいランチが実現します。特に野菜たっぷりのスープはヘルシーで満腹感もあり、ダイエットにもピッタリ。毎日のことですから、カラダがよろこぶごはんをきちんと意識したいところです。

スープジャーの基本情報

メーカーによってさまざまな商品がありますが、仕様はほぼ同じです。
ポイントを押さえてスープジャー生活を始めましょう!

[本書で使用しているスープジャー]

スープジャーは、魔法びんとほ
ぼ同じ構造で、具だくさんの
スープが入るように、そして食べ
やすいように口径が広く設計さ
れています。量販店で販売され
ているスープジャーは、メー
カーによりそれぞれ容量や保
温&保冷効力が異なるため、本
書のレシピ開発で使用した
サーモス「真空断熱フードコン
テナー JBJ-300」を基準にご説
明いたします。

● **外フタ**
断熱構造で、手の形に合うよ
うにシェイプされ開けやすい。

● **内フタ**
外フタと内フタは食洗機対応。

● **本体**
ステンレス魔法びんと同じ熱
を伝えない真空断熱構造。

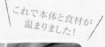

[スープジャー調理の下準備]

● **保温調理の下準備**
保温効力を維持するために本体や食材を温めておく必要があります。

これで本体と食材が
温まりました!

1 食材をジャーに入れる

2 熱湯を規定のラインまで注
いで内フタと外フタをする

3 1〜2分温めたら内フタをず
らし食材が流れ出ないよう
に湯を捨てる

● **保冷調理の下準備**
保冷効力を維持するために本体に内フタをして冷蔵庫に入れ、冷やしておきましょう。

スープジャーの使用ルール

スープジャーでの保温調理にはいくつかのルールがあります。
ルールを守り、安全な調理を心がけましょう。

入れる量に気をつける

スープジャーに入れる量は、図のラインまでにしてください。入れすぎるとフタを閉めたときに飲食物があふれ出る原因になります。

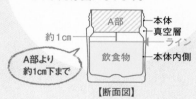

約1cm — A部 ━ 本体
真空層
A部より
約1cm下まで ━ 飲食物 ━ ライン
本体内側

【断面図】

できるだけ早く
（6時間以内）食べる

本書レシピのほとんどが、約3時間後が食べごろです。3〜6時間のうちに一度で食べきるようにしましょう。製品の性質上、6時間を超えると保温＆保冷効力が低くなり腐敗する可能性があります。

やけどに注意する

スープジャーの保温調理では、熱湯を入れることでジャー本体を温め、保温効力を促進させます。湯きりをする際など熱湯の扱いには十分に注意をしてください。

やってはいけない
NGポイント！

❋ スープジャー本体を電子レンジや冷凍庫に入れないでください。

❋ ジャーの中にドライアイス・炭酸飲料・生ものは入れないでください。

※使用する製品の取扱説明書に従って使用してください。

vegetable soup

chapter 1

野菜たっぷりの食べるスープ
{10品}

ローカロリーで栄養バランスのよい野菜スープは、
ダイエット中の人にもうれしいメニュー。
スープジャーで作れば、朝、材料を切って入れるだけで
ランチタイムにごろごろ野菜たっぷりの
あたたかいスープが楽しめます。

ポトフ風スープ

じゃがいもはほっくり、アスパラはシャキシャキ!
やさしい味のあったかポトフ

材料（1人分）

じゃがいも	1／2個
ニンジン	30g
ソーセージ	2本
玉ねぎ	1／6個
アスパラガス	1本
コンソメスープの素（顆粒）	小さじ1
塩・こしょう	各少々
熱湯	適量

食べごろ目安 3時間

カロリー 220kcal

ジャーの中身をチェック！

1　じゃがいもは4等分のくし形に切りさらに半分に切る。ニンジンは薄い半月切りにする。ソーセージは縦半分に切りさらに半分の長さに切る。玉ねぎは7〜8mm厚さのくし形に切る。アスパラガスはかたい部分を切り落とし4等分に切る。

2　スープジャーに1と熱湯を入れ1〜2分置いて、材料と本体を十分に温めてから湯きりをする。

3　2にスープの素と塩・こしょうを加え、熱湯をラインまで注ぎフタをする。

ミネストローネ

かぼちゃと玉ねぎの甘さがひきたつ
具だくさん野菜のトマトスープ

材料（1人分）

大豆（水煮）	30g
かぼちゃ	30g
玉ねぎ	1／8個
ニンジン	20g
キャベツ	1枚
ベーコン	1／2枚
A トマト水煮・水	各1／3カップ
コンソメスープの素（顆粒）	小さじ1
砂糖	小さじ1弱
塩・こしょう	各少々
オリーブ油	小さじ1／3

食べごろ目安 3時間

カロリー 189kcal

ジャーの中身をチェック！

1　かぼちゃは1cm角、玉ねぎとニンジンは7〜8mm角に切り、キャベツはざく切り、ベーコンは細切りにする。

2　鍋に1と大豆、Aを入れて煮立て、塩・こしょうで味を調える。熱いうちにスープジャーに入れて、オリーブ油を回し入れてフタをする。

ポトフ風スープ

ミネストローネ

vegetable soup

けんちん汁

根菜類がたっぷり入って栄養満点。
隠し味のしょうががアクセントのやさしいお味！

材料
(1人分)

ごぼう・ニンジン・大根・れんこん	各30g
長ねぎ	3cm
しょうが（せん切り）	1／4かけ分
絹ごし豆腐	40g
A しょうゆ	小さじ1
だしの素・みりん	各小さじ1／2
ごま油	小さじ1／3
熱湯	適量
七味唐辛子	適宜

食べごろ目安 **3時間**　カロリー **110kcal**

ジャーの中身をチェック！

1 ごぼうと長ねぎは5mm厚さの小口切りに、ニンジン、大根、れんこんは5mm厚さのいちょう切りにする。豆腐はさいの目に切る。

2 スープジャーに*1*と熱湯を入れ1〜2分置いて、材料と本体を十分に温めてから湯きりをする。

3 *2*にしょうがと**A**を加え熱湯をラインまで注ぎ、ごま油を回し入れてフタをする。七味唐辛子はお好みで。

鶏肉の塩麹ちゃんこスープ

塩麹の旨みと根菜類のだしがたっぷり！
鶏肉はふっくらジューシーに仕上ります

鶏もも肉	50g
ごぼう・ニンジン・大根	各30g
チンゲン菜	1枚
長ねぎ	3㎝分
A だしの素	小さじ1／2
みりん	小さじ1／2
塩麹	大さじ1
熱湯	適量

食べごろ目安 3時間　カロリー 165kcal

ジャーの中身をチェック！

1 鶏肉はひと口大よりやや小さめに切る。ごぼうは縦半分に切りさらに斜め薄切りに、ニンジンと大根は細目の乱切りに、チンゲン菜はざく切りに、長ねぎは斜め薄切りにする。

2 スープジャーに*1*と熱湯を入れ1〜2分置いて、材料と本体を十分に温めてから湯きりをする。

3 *2*にAを加えて熱湯をラインまで注ぎフタをする。

野菜スープカレー

あまっているカレールーがおいしいスープに変身！
夏野菜たっぷりの具だくさんスープです

3 時間 / 253 kcal

材料
(1人分)

合いびき肉	40g
なす	1／2本
かぼちゃ	30g
オクラ	1本
パプリカ（赤）	20g
玉ねぎ（みじん切り）	10g
塩・こしょう	各少々
カレールー	1かけ（15g）
オリーブ油	小さじ1
熱湯	適量

1 なすは1cm厚さの斜め切りに、かぼちゃ
は薄切りに、オクラは斜め半分に切り、
パプリカは細切りにする。

2 スープジャーに1と熱湯を入れ1～2分
置いて、材料と本体を十分に温めてから
湯きりをする。

3 耐熱皿にオリーブ油・玉ねぎ・合いびき
肉・塩・こしょうを入れて軽く混ぜ、ラッ
プをかけてレンジで1分30秒加熱す
る。取り出してすぐに混ぜ合わせてそぼ
ろ状にする。

4 2に3とカレールーを加えて熱湯をラ
インまで注ぎ、かき混ぜてフタをする。

ジャーの中身をチェック！

かぼちゃとコーンのポタージュ風

ほっくりしたかぼちゃとコーンの
甘みが口いっぱいに広がります

材料
(1人分)

かぼちゃ	60g
コーンクリーム（缶）	
	1／2カップ（100g）
コンソメスープの素	小さじ1／2
豆乳（無調整）	1／3カップ
水	1／4カップ
塩・こしょう	各少々
パセリ（みじん切り）	適宜

食べごろ目安 3 時間　カロリー 171 kcal

ジャーの中身をチェック！

1　鍋に薄切りにしたかぼちゃ、コーンクリーム、スープの素、豆乳、水を入れて火にかけ、かき混ぜて温かくなったら塩・こしょうで味を調える。

2　熱いうちにスープジャーに入れてフタをする。食べる前によく上下に振り混ぜる。パセリはお好みで。

鶏肉のホワイトシチュースープ

鶏肉もじゃがいももやわらか。
パンによく合うクリーミーなスープです

材料
(1人分)

鶏もも肉	50g
ニンジン	20g
ブロッコリー	2 房（20g）
じゃがいも	小1／2個（50g）
しいたけ	1枚
A ホワイトソース	50g
コンソメスープの素	
	小さじ1
水	1／2カップ
塩・こしょう	各少々

食べごろ目安 3 時間　カロリー 222 kcal

ジャーの中身をチェック！

1　鶏肉はひと口大よりやや小さめに切る。ニンジンは薄い輪切りにし、お好みの型で中央を抜く。ブロッコリーは小房に分け、じゃがいもは薄い半月切りに、しいたけは薄切りにする。

2　鍋に1とAを入れて煮立て、塩・こしょうで味を調え、熱いうちにスープジャーに入れてフタをする。

20

かぼちゃとコーンの
ポタージュ風

鶏肉の
ホワイトシチュースープ

vegetable soup

石狩スープ

豆乳とみその相性がバッチリ！
サケ缶を使うことで調理の手間もはぶけます

食べごろ目安
3
時間

カロリー
194
kcal

材料 (1人分)

サケ（水煮）	1／2缶（50g）
じゃがいも	小1／2個（50g）
しめじ	20g
キャベツ	1／2枚
長ねぎ	3cm
ホールコーン	大さじ1（10g）
A だし汁	1／4カップ
豆乳	1／3カップ
みそ	小さじ2
きざみ海苔	適宜

1 じゃがいもは7〜8mm厚さに切り、しめじ
は小房にほぐし、キャベツはざく切り
に、長ねぎは縦4等分に切る。

2 鍋に*1*とサケ、ホールコーン、Aを入れて
煮立て、熱いうちにスープジャーに入れ
てフタをする。きざみ海苔はお好み
で。

ジャーの中身をチェック！

糸昆布と野菜の繊維たっぷりスープ

満腹感があるのに低カロリー！
食物繊維たっぷりでダイエットに最適!!

材料
(1人分)

ニンジン	20g
セロリ	10g
絹さや	4枚
えのき茸	1／4袋（20g）
糸昆布	3g
A めんつゆ（3倍濃縮）	
	大さじ1／2
だしの素	小さじ1／2
塩・こしょう	各少々
熱湯	適量

食べごろ目安
3時間

カロリー
37 kcal

ジャーの中身をチェック！

1 ニンジン、セロリ、絹さやは細切りにし、えのき茸は根元を取り除き半分の長さに切ってほぐす。糸昆布はもみ洗いし、食べやすい大きさに切る。

2 スープジャーに1と熱湯を入れ1〜2分置いて、材料と本体を十分に温めてから湯きりをする。

3 2にAを加え熱湯をラインまで注ぎフタをする。

ココナッツミルクのグリーンカレースープ

むきエビがぷりぷりの食感！
エスニックスープもスープジャーにおまかせ

材料 (1人分)

むきエビ	50g
ズッキーニ	1／4本 (30g)
しめじ	1／3パック (30g)
たけのこ (水煮・細切り)	30g
A グリーンカレーペースト	10g
ココナッツミルク	3／4カップ
鶏がらスープの素	小さじ1／2
塩・こしょう	各少々
香菜 (パクチー)	適宜

食べごろ目安 **3** 時間　カロリー **296** kcal

ジャーの中身をチェック！

1 ズッキーニは1cm厚さの半月切りに、しめじは小房にほぐし、たけのこは水気をきる。

2 鍋に **1** とエビ、**A** を入れて煮立て、塩・こしょうで味を調える。熱いうちにスープジャーに入れてフタをする。香菜はお好みで。

COLUMN

{ これで栄養バランスもバッチリ！ }
スープジャー+αのおかずカタログ
主食編

1章の『野菜たっぷりのスープ』に合わせたい、お弁当の主食メニューをご紹介。
持っていくスープに合ったメニューをチョイスしてみましょう。

...スープに合わせるごはん1...

パストラミとカマンベールのサンド

●材料(1人分)

バゲット	1／3本(80g)
パストラミ	40〜50g
カマンベールチーズ	1／3個(40g)
ベビーリーフ	1／2袋(20〜30g)
A マヨネーズ	小さじ2
マスタード	小さじ1／2

1 バゲットは横に切り込みを入れ、内側に混ぜたAをぬる。

2 ベビーリーフとパストラミ、4等分に切ったカマンベールを1 にはさむ。

フローズンサンドイッチ

●材料(1人分)

サンドイッチ用パン	4枚
バター(室温に戻す)	小さじ2
A ツナ	小1缶
パセリ(みじん切り)・	
マヨネーズ	各大さじ1
塩・こしょう	各少々
B クリームチーズ	
(室温に戻す)	50g
いちごジャム	大さじ1

1 ツナはしっかりと汁をきり、パセリ、マヨネーズ、塩・こしょうを加えて味を調えてよく混ぜる。

2 2枚のパンの片面にバターをぬり、1 をはさむ。

3 Bを混ぜ、残りのパンではさむ。それぞれ半分に切ってラップに包み冷凍庫に入れる。

...スープに合わせるごはん2...

...スープに合わせるごはん3...

オリーブと桜エビの混ぜごはん

● 材料(1人分)

温かいごはん	150g
オリーブ漬け(スライス)	2個分
桜エビ	大さじ1(3g)
ホールコーン	10g
黒こしょう	少々

1 材料をすべて混ぜ合わせて完成。

みそチーズ焼きおにぎり

● 材料(1人分)

温かいごはん	200g
かつおぶし	1／2パック(2g)
しょうゆ	小さじ1弱
プロセスチーズ	1個(20g)
みそ・すりごま(白)	各小さじ1
ごま油	小量

1 ごはんにかつおぶし、しょうゆ、5mm角に切ったチーズを混ぜておにぎりにし、みそとすりごまを混ぜて表面にぬる。

2 フライパンにごま油を熱し、*1*の両面をこんがりと焼く。

...スープに合わせるごはん4...

...スープに合わせるごはん5...

高菜と油揚げの和風チャーハン

● 材料(1人分)

ごはん	150g
高菜漬け	30g
ニンジン	1／5本(30g)
油揚げ	1／3枚
卵	1個
みりん	小さじ1／2
ごま油	小さじ1
しょうゆ	少量

1 ごはんに高菜漬けと2〜3cm長さの細切りにした油揚げ、みりんを混ぜておく。ニンジンは2〜3cm長さの細切りにする。

2 フライパンにごま油を熱し、卵を溶いて入れ大きくかき混ぜたら、すぐに*1*を加え炒め合わせ、しょうゆを少し加えて香りづけをし火をとめる。

chapter 2

和・洋・中・エスニック

ごはんと麺のランチ&スープ
{10品}

すいとんやビーフン、リゾット、フォーなど
ボリューム満点の主食メニューをご紹介。
スープジャーの高い保温効力を生かした保温調理で、
麺もごはんもほかほかのまま、いただけます。

rice & noodles

豚汁すいとん風

炊き込みおこわ風

豚汁すいとん風

トッポギを使った豚汁すいとん。
腹もちがよく野菜もたっぷり！

材料
（1人分）

豚肉（こま切れ）	30g
ニンジン・ごぼう	各30g
白菜	1／4枚（30g）
なめこ	大さじ1（20g）
トッポギ	3本（30g）
A だしの素	小さじ1／2
みそ	小さじ2
しょうが（おろし）	小さじ1
熱湯	適量

食べごろ目安
2時間

カロリー
185kcal

ジャーの中身をチェック！

1 ニンジンとごぼうはピーラーでさ
さがきに、白菜は1cm幅に切る。
なめこはさっと洗ってぬめりをと
る。

2 スープジャーに1と豚肉、トッポ
ギ、熱湯を入れ1〜2分置いて、
材料と本体を十分に温めてから
湯きりをする。。

3 2にAを加えて熱湯をラインまで
注ぎフタをする。

炊き込みおこわ風

お手軽なのにおどろきの完成度！
味つけの秘密はさんまの蒲焼きの缶

材料
（1人分）

もち米（洗米して水気をしっかりきっておく）	80g
さんまの蒲焼き（缶）	1／2缶
しょうが（せん切り）	1／3かけ分
まいたけ	1／3パック（30g）
三つ葉	1／2束
A めんつゆ（3倍濃縮）	小さじ1〜2
水	3／4カップ

食べごろ目安
4時間

カロリー
420kcal

ジャーの中身をチェック！

1 スープジャーは熱湯（材料外）を
入れて、内フタをし温めておく。

2 鍋にもち米とさんまの蒲焼き、
しょうが、小房にほぐしたまいた
け、Aを入れて煮立て、ひと混ぜ
して、弱めの中火で2分煮る。

3 2〜3cm長さに切った三つ葉を加
えてひと混ぜしたら、熱いうちに
湯を捨てた1のスープジャーに入
れフタをする。

鶏肉とレンズ豆のカルドソ

スペインの家庭料理、カルドソ。
たっぷりの豆と野菜で栄養バランスも◎

食べごろ目安
3
時間

カロリー
392
kcal

材料（1人分）

鶏もも肉	40g
レンズ豆	大さじ2
米（洗米して水気をしっかりきっておく）	50g
パプリカ（赤）	20g
ブロッコリー	1房（20g）
玉ねぎ・セロリ（みじん切り）	各10g
オリーブ油	小さじ1
A コンソメスープの素	小さじ1
塩・こしょう	各少々
熱湯	適量

1 鶏肉は1cm角に、パプリカは2cm長さの細切りにする。ブロッコリーは小房に分ける。

2 スープジャーに1と熱湯を入れ1～2分置いて、材料と本体を十分に温めてから湯きりをする。

3 鍋にオリーブ油を熱し、レンズ豆と米、玉ねぎ、セロリを入れて全体がなじむ程度に炒める。

4 2に3とAを加え、熱湯をラインまで注ぎ、全体をかき混ぜたらフタをする。

ジャーの中身をチェック！

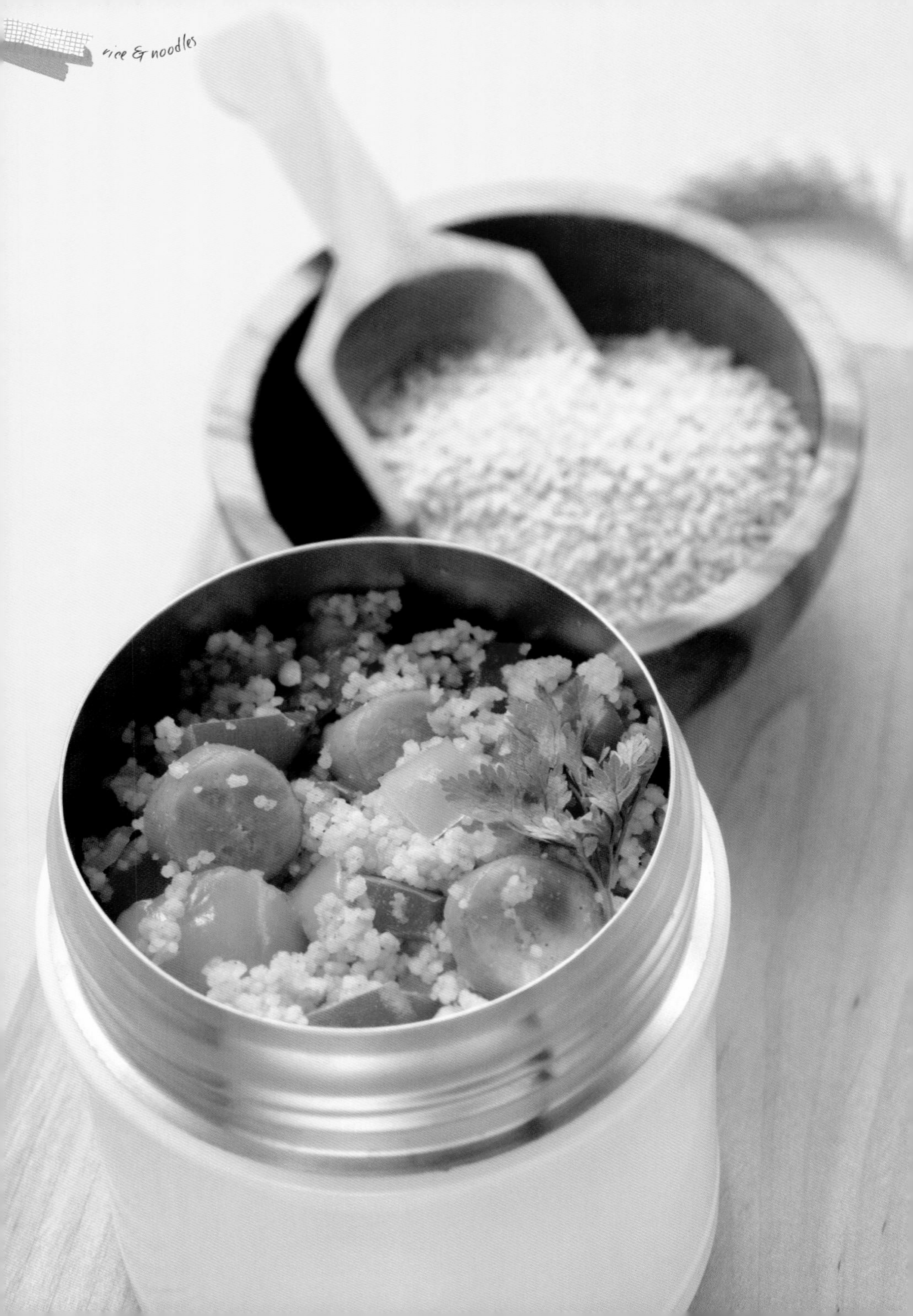

ソーセージのカレー風味クスクス

一粒一粒にソーセージの旨味がしみ込んで◎。
カレーの風味が食欲をそそります

食べごろ目安
3
時間

カロリー
379
kcal

クスクス	50g
ソーセージ	2本
パプリカ（赤・黄）	各20g
セロリ（みじん切り）	20g
カレー粉	小さじ1
A 白ワイン	大さじ1
水	1／2カップ
塩・こしょう	各少々
オリーブ油	小さじ1
セルフィーユ	適宜

1 スープジャーは熱湯（材料外）を入れて、内フタをし温めておく。

2 ソーセージは7〜8mm幅の輪切りに、パプリカは7〜8mm角に切る。

3 鍋にオリーブ油を熱し、セロリとカレー粉を軽く炒め、クスクスと *2* 、Aを加えて煮立てる。

4 スープジャーの湯を捨て、 *3* を入れてフタをする。セルフィーユはお好みで。

ジャーの中身をチェック！

シーフードトマトリゾット

冷凍のシーフードミックスを使ってお手軽に。
トマトの酸味でスッキリとしたお味！

米（洗米して水気をしっかりきっておく）	60g
トマト	1／2個（80g）
アスパラガス	1本
シーフードミックス（冷凍）	40g
オリーブ油	小さじ1
水	1／2カップ
コンソメスープの素	小さじ1
パルメザンチーズ	小さじ2
塩・こしょう	各少々

食べころ目安
3時間

カロリー
330kcal

ジャーの中身をチェック！

1 スープジャーは熱湯（材料外）を入れて、内フタをし温めておく。トマトはひと口大のざく切りに、アスパラガスはかたい部分を切り落とし1.5cm長さに切る。シーフードミックスは湯を回しかけて水気をきっておく。

2 鍋にオリーブ油を熱し、米とトマト、アスパラガス、シーフードミックスをさっと炒め、水とスープの素を入れ、煮立てる。パルメザンチーズと塩・こしょうを加えて味を調え、かき混ぜながら1分煮て火をとめる。

3 スープジャーの湯を捨て、2が熱いうちに入れてフタをする。

鶏肉のフォー

スープジャーでフォーのモチッとした食感が楽しめる！
レモン汁の酸味がおいしさをひき立てます

材料（1人分）

鶏むね肉	30g
フォー	20g
玉ねぎ	1／8個(20g)
豆もやし	30g
しめじ	20g
鶏がらスープの素	小さじ1
水	3／4カップ
塩	少々
ナンプラー	小さじ1
レモン汁	小さじ1／2
香菜（パクチー）	適宜

食べごろ目安
2時間

カロリー
168 kcal

ジャーの中身をチェック！

1 スープジャーは熱湯（材料外）を入れて、内フタをし温めておく。鶏肉はひと口大のそぎ切りに、玉ねぎは薄切りにする。

2 フォーと香菜以外を鍋に入れて、煮立てフォーを加えて火をとめる。

3 2が熱いうちに湯を捨てた1のスープジャーに入れフタをする。香菜はお好みで。

蒸しビーフン

スープジャーの高い保温効果で
ビーフンもおいしく蒸しあがる!

食べごろ目安
3
時間

カロリー
194
kcal

材料 (1人分)

ビーフン	20g
豚肉（こま切れ）	30g
玉ねぎ	1／8個（20g）
パプリカ（赤）	1／6個（20g）
きくらげ（乾燥）	3個
万能ねぎ	3本
A しょうゆ・オイスターソース	各小さじ1
鶏がらスープの素	小さじ1
みりん	小さじ1／2
ごま油	小さじ1／2
熱湯	1／2カップ

1 ビーフンは食べやすい大きさに切る。玉ねぎは薄切りに、パプリカは縦半分に切りさらに斜め細切りに、きくらげは水で戻して細切りにする。

2 スープジャーに *1* と豚肉、熱湯（分量外）を入れ1〜2分置いて、材料と本体を十分に温めてから湯きりをする。

3 *2* に3〜4cm長さに切った万能ねぎとAを加えて全体をかき混ぜ、熱湯を注ぎフタをする。

ジャーの中身をチェック!

タイピーエン

タイピーエン（太平燕）とは熊本県のご当地グルメ。
春雨に鶏がらスープがからまり絶品！

食べごろ目安
3 時間

カロリー
208 kcal

材料
（1人分）

春雨	20g
豚肉（こま切れ）	20g
キャベツ	1／2枚
ニンジン	20g
長ねぎ（青い部分）	20g
桜エビ	3g
うずらの卵（水煮）	1個
しょうが（千切り）	1／4かけ分
A　鶏がらスープの素	小さじ1
みりん・しょうゆ	各小さじ1／2
こしょう	少々
ごま油	小さじ1
熱湯	適量

1 キャベツは1cm幅の短冊切りに、ニンジンは3cm長さの拍子切りに、長ねぎは縦4等分に切る。

2 スープジャーに *1* と春雨、豚肉、しょうがを加えて熱湯を注ぎ、材料と本体を十分に温めてから湯きりをする。

3 *2* にAと桜エビ、半分に切ったうずらの卵を加え、熱湯をラインまで注ぎ、ごま油を回し入れてフタをする。

ジャーの中身をチェック！

もち巾着の袋煮スープ

ピリッと効いた柚子こしょうが名脇役。
スープがしみた揚げとおもちがとってもジューシー

材料
(1人分)

もち巾着	1個
カブ	1／2個(40g)
長ねぎ	3㎝
ニンジン	20g
A 鶏がらスープの素	小さじ1
ポン酢しょうゆ	小さじ2
柚子こしょう	小さじ1／2
熱湯	適量

食べごろ目安
3時間
カロリー
165kcal

ジャーの中身をチェック！

1 カブは6等分にくし型に切り、長ねぎは斜め薄切り、ニンジンは3㎝長さの拍子切りにする。

2 スープジャーは1ともち巾着、熱湯を入れ1〜2分置いて、材料と本体を十分に温めてから湯きりをする。

3 2にAを加え、熱湯をラインまで注ぎフタをする。

ところてんと野菜の冷製麺風

ところてんを冷麺に見立てたさっぱり味の1品。
蒸し暑い日にもってこいのレシピです

材料
(1人分)

ところてん	1／2パック(90g)
もやし	40g
ハム	2枚
きゅうり	1／2本
トマト	1／4個
鶏がらスープの素	小さじ1／2
砂糖	大さじ1／2
A すりごま(白)	大さじ2
ポン酢しょうゆ	大さじ2
ラー油	少量
湯	大さじ1

食べごろ目安 **2時間**

カロリー **178 kcal**

ジャーの中身をチェック！

1 スープジャーは内フタをして冷蔵庫で冷やしておく。スープの素と砂糖を湯で溶き、Aと混ぜてタレを作る。

2 もやしはレンジで30〜40秒加熱し、粗熱をとる。ハムときゅうりは細切りに、トマトは薄切りにする。

3 ところてんは水気をきり、*1*と*2*とともにスープジャーに入れ軽く混ぜてフタをする。

43

COLUMN

これで栄養バランスもバッチリ!
{ スープジャー+αのおかずカタログ }
副菜 編

ごはんや麺の主食のおともにピッタリの野菜の副菜をご紹介。
ランチ全体の色味なども考えながら組み合わせてみましょう

...ごはんと麺に合わせるおかず1...

パプリカのポン酢炒め

●材料(1人分)

パプリカ(赤)	1／4個
パプリカ(黄)	1／3個
ポン酢しょうゆ	小さじ2
ごま油	小さじ1
いりごま(白)	適量

1 パプリカは細切りにする。

2 フライパンにごま油を熱し、1 を炒める。しんなりしてきたら、ポン酢しょうゆを加えて炒め、ごまをふり入れて炒め混ぜる。

野菜のごま和え

●材料(1人分)

ブロッコリー	2房(40g)
さやいんげん	3本
ニンジン	20g
A すりごま(白)	大さじ1
しょうゆ	大さじ1／2
砂糖	小さじ1

1 ブロッコリーは小房に分ける。さやいんげんは3等分に切り、ニンジンは拍子切りにする。

2 1をゆでて水気をきり、混ぜ合わせたAと和える。

...ごはんと麺に合わせるおかず2...

ピーマンとキャベツの回鍋肉風 _{ホイコーロー}

●材料(1人分)

ピーマン	1個
キャベツ	2枚
A 甜麺醤(テンメンジャン)・酒	各小さじ1
しょうゆ・砂糖	各小さじ1/2
サラダ油	小さじ1

1 ピーマンはひと口大の乱切り
に、キャベツはひと口大のざく
切りにする。

2 フライパンに油を熱し、*1* を
炒め、Aを加えて汁気がなくな
るまで炒める。

野菜のピクルス

●材料(1人分)

ニンジン	20g
きゅうり	1/3本
ヤングコーン(水煮)	2本
プチトマト	2個
すし酢	大さじ2〜3
粒マスタード	小さじ1

1 ニンジンときゅうり、ヤングコー
ンはひと口大の乱切りにす
る。

2 耐熱ボウルに *1* とすし酢を入
れて、レンジで約2分加熱し、
プチトマトと粒マスタードを加
え混ぜ、漬け込む。

ゆでキャベツとカブのゆかり和え

●材料(1人分)

キャベツ	1枚(50g)
カブ	1/2個(50g)
砂糖・塩	各少々
ゆかり	小さじ1/2

1 キャベツはひと口大に、カブは
くし形に6等分に切る。

2 耐熱ボウルに *1* と砂糖、塩を入
れて混ぜ、ラップをふんわりと
かけてレンジで1分30秒加熱
する。

3 *2* の野菜から出た余分な水気
をきり、ゆかりを加えて和え
る。

side dish

chapter **3**

主食にプラス!
おいしい副菜おかず
{10品}

サラダや煮物など、野菜中心の副菜をご紹介。
副菜がしっかりしていれば、主食をコンビニのおにぎりですませても
栄養バランスが改善されます。
会社の同僚や学校の友人と
それぞれ違ったメニューを持ち寄って、シェアするのも◎。
ランチがぐっと華やぎます。

カポナータ

市販のミートソースを使って調理の手間を短縮。
保温調理で全体がなじみ一晩寝かせたような味に！

材料
(1人分)

なす	1／2個(40g)
ズッキーニ	1／4本(40g)
玉ねぎ	1／6個(30g)
パプリカ(赤)	1／6個(30g)
セロリ	20g
A ミートソース(市販品)	60g
水	1／4カップ
オリーブ油	小さじ1

食べごろ目安
3
時間

カロリー
135
kcal

ジャーの中身をチェック！

1 なすとズッキーニは7〜8mm厚さの半月切りに、セロリは7〜8mm厚さに、玉ねぎとパプリカは1.5cm角に切る。

2 スープジャーに *1* と熱湯(材料外)を入れ1〜2分置いて、材料と本体を十分に温めてから湯きりをする。

3 鍋にAを入れて全体を混ぜながらひと煮立ちさせ、熱いうちに *2* に加えてフタをする

ニース風ホットサラダ

ツナ缶を汁ごと入れるのがポイント。
食べ応え十分のホットサラダ

じゃがいも	1／2個(80g)
ブロッコリー	3房(40g)
パプリカ(赤)	1／4個(40g)
うずらの卵(水煮)	1個
ツナ	1缶(80g)
オリーブ漬け(スライス)	1個分
塩・こしょう	少々
熱湯	1／4カップ

食べごろ目安
4 時間

カロリー
330 kcal

ジャーの中身をチェック！

1 じゃがいもは6〜7mm厚さの半月切りに、ブロッコリーは小房に分け、パプリカは細切りにする。

2 スープジャーに *1* とうずらの卵、熱湯(分量外)を入れ1〜2分置いて、材料と本体を十分に温めてから湯きりをする。

3 *2* にツナを缶汁ごと入れ、オリーブ、塩・こしょう、熱湯を加えてフタをする。

野菜の煮浸し

味がしっかりしみて
白菜も小松菜もいっぱい摂れる！

材料
(1人分)

白菜	1枚(80g)
小松菜	1株(30g)
しいたけ	2枚
油揚げ	1／2枚(15g)
めんつゆ(3倍濃縮)	大さじ1
熱湯	1／2カップ

食べごろ目安
2時間

カロリー
94 kcal

ジャーの中身をチェック！

1 白菜は縦半分に切り、横に7〜8mm幅に切る。小松菜は3cm長さに、しいたけは薄切り、油揚げは短冊切りにする。

2 スープジャーに *1* と熱湯（分量外）を入れ1〜2分置いて、材料と本体を十分に温めてから湯きりをする。

3 *2* にめんつゆと熱湯を加えてすぐにフタをする。

高野豆腐の煮物

高野豆腐を小さめに切るのがポイント。
口の中でジュワッと広がるだしが絶品！

材料(1人分)	
高野豆腐（乾物）	1個
長いも	40g
ニンジン	30g
A めんつゆ（3倍濃縮）	
	大さじ1と1/2
ごま油	少々
熱湯	1/2カップ
木の芽	適宜

食べごろ目安
4 時間

カロリー
157 kcal

ジャーの中身をチェック！

1 高野豆腐は4等分に切る。長いもは1cm厚さの半月切りに、ニンジンは6～7mm厚さの半月切りにする。

2 スープジャーに *1* と熱湯（分量外）を入れ1～2分置いて、材料と本体を十分に温めてから湯きりをする。

3 *2* にAと熱湯をラインまで加えてフタをする。木の芽はお好みで。

筑前煮

栄養の宝庫ともよばれる根菜がたっぷり！
めんつゆでカンタンに作れます

材料（1人分）

鶏もも肉	40g
れんこん・ごぼう・ニンジン・こんにゃく	各30g
グリンピース	大さじ1
めんつゆ（3倍濃縮）	大さじ1と1/2
ごま油	小さじ1/2
熱湯	適量

食べごろ目安
3
時間

カロリー
186
kcal

ジャーの中身をチェック！

1　鶏肉は1.5㎝角に切り、れんこんは7～8㎜厚さのいちょう切りに、ごぼうとニンジンは1㎝角の乱切りにする。こんにゃくは1㎝ほどの大きさにちぎる。

2　スープジャーに1とグリーンピース、熱湯を入れ1～2分置いて、材料と本体を十分に温めてから湯きりをする。

3　2にめんつゆを加え、熱湯をラインまで注ぎ、ごま油を回し入れフタをする。

チャプチェ

チャプチェ用の春雨がなくてもOK！
しっかりした味でごはんのおかずにも◎

材料（1人分）

春雨	20g
しいたけ	2枚
ピーマン	1個
桜エビ	4g
A しょうゆ	大さじ1／2
ごま油	小さじ1
すりごま（白）	小さじ1
砂糖	小さじ1弱
豆板醤	小さじ1／3
塩	小さじ1／4
熱湯	1／4カップ

食べごろ目安 3時間 カロリー 161kcal

ジャーの中身をチェック！

1 春雨は食べやすい大きさに、しいたけは薄切りに、ピーマンは縦細切りにする。

2 スープジャーに 1 と熱湯（分量外）を入れ1～2分置いて、材料と本体を十分に温めてから湯きりをする。

3 2 に桜エビとA、熱湯を加えフタをして上下によく振る。

切り干し大根の煮物

おかずにも箸休めにもなる和食の定番!
もどす手間も煎り煮する手間もいりません

材料 (1人分)

切り干し大根	10g
油揚げ	1／3枚 (20g)
ニンジン	30g
さやいんげん	3本
めんつゆ (3倍濃縮)	大さじ1と1／2
ごま油	小さじ1／2
熱湯	3／4カップ
七味唐辛子	適宜

食べごろ目安 **3時間**　カロリー **167kcal**

ジャーの中身をチェック!

1 切り干し大根はさっと洗い食べやすい長さに切り、油揚げとニンジンは細切りに、さやいんげんは斜め細切りにする。

2 スープジャーに 1 と熱湯 (分量外) を入れ1〜2分置いて、材料と本体を十分に温めてから湯きりをする。

3 2 にめんつゆと熱湯を加えて、ごま油を回し入れフタをする。七味唐辛子はお好みで。

かぼちゃとさつまいもの大学いも風

食物繊維＆ビタミンがたっぷり！
やさしい甘さでおやつとしても最適

材料（1人分）

かぼちゃ	60g
さつまいも	60g
砂糖	小さじ2
ごま油	大さじ1／2
水	大さじ3
塩	少々
いりごま（黒）	小さじ1／2

ジャーの中身をチェック！

1 スープジャーに熱湯（材料外）を入れて、内フタをし温めておく。かぼちゃとさつまいもは、一口大に切る。

2 フライパンにごま油を熱し、かぼちゃとさつまいもを重ならないように並べ入れ、砂糖を振りフタをする。砂糖が溶けたら水を加えて煮立て全体を混ぜて火をとめる。

3 熱いうちに湯を捨てたスープジャーに入れて、塩とごまを振りフタをする。

side dish

ニンジンとキャベツのコールスロー

キャベツのシャキシャキ感がおいしい！
食物繊維がたっぷりとれるひんやりサラダ

材料
（1人分）

ニンジン	50g
キャベツ	3枚
ホールコーン	大さじ2（20g）
A 塩麹	大さじ1
砂糖	小さじ1
B マヨネーズ	大さじ1
レモン汁	小さじ1
マスタード	適量

食べごろ目安
2時間

カロリー
175kcal

ジャーの中身をチェック！

1 スープジャーは内フタをし冷蔵庫で冷やしておく。

2 ニンジンとキャベツは千切りにしてポリ袋に入れ、Aを加えてよく混ぜ水気をよくしぼりスープジャーに入れる。

3 2にBとホールコーンを加えて全体がなじむように混ぜたらフタをする。

スティック野菜の冷製バーニャカウダ

ソースを凍らせるアイデアが◎。
バーニャカウダだってお弁当にできちゃう！

材料
（1人分）

きゅうり	1／4本
パプリカ（赤）	1／4個
ニンジン	20g
大根	20g
バーニャカウダソース	
アンチョビペースト	小さじ1
玉ねぎ（すりおろし）	大さじ1
オリーブ油	大さじ1と1／2

食べごろ目安
4時間

カロリー
204kcal

ジャーの中身をチェック！

1 きゅうりとパプリカ、ニンジン、大根は6cm長さの棒状に切る。バーニャカウダソースの材料はすべてよく混ぜて冷凍しておく。

2 スープジャーに凍らせたソースを入れて1の野菜を加えてフタをする。

ニンジンとキャベツの
コールスロー

スティック野菜の
冷製バーニャカウダ

COLUMN

これで栄養バランスもバッチリ!
スープジャー+αのおかずカタログ
主菜 編

ダイエット目的でも、副菜だけのランチではバランスがイマイチ。
そんなときは、たんぱく質を含んだ主菜をプラスしてバランスをとりましょう。

...副菜に合わせるおかず1...

塩つくね焼き

● 材料(作りやすい量)

鶏ひき肉	100g
塩	小さじ1/3
A 万能ねぎ(小口切り)	2本分
片栗粉	小さじ1
しょうが(おろし)	小さじ1/2
酒	大さじ1
サラダ油	小さじ1

1 ボウルにひき肉と塩を入れて粘りが出るまでよく混ぜたら、Aを加えてなじむまで混ぜる。

2 小判形に丸め、フライパンにサラダ油を熱して並べ入れる。焼き色がついたらひっくり返し、フタをして弱火で約5分蒸し焼きにする。

サケときのことブロッコリーの
マスタードマヨ焼き

...副菜に合わせるおかず2...

● 材料(作りやすい量)

サケ(生)	小1切れ(80g)
塩・こしょう	少々
しめじ	1/3パック(30g)
ブロッコリー	2〜3房(50g)
A マヨネーズ	大さじ1
粒マスタード	小さじ1

1 サケは半分に切り、塩・こしょうを振る。しめじとブロッコリーは小房に分ける。

2 アルミ箔の上にサケとブロッコリーを並べ、アルミ箔をかぶせてオーブントースターで5分加熱する。

3 一度取り出してしめじを添え、サケの上に混ぜ合わせたAをぬり、再度オーブントースターで約3分、こんがりと色づくまで焼く。

...副菜に合わせるおかず3...

スパニッシュオムレツ

● 材料 (作りやすい量)

ハム	2枚
エリンギ	小1本(40g)
ピーマン	2個
卵	2個
枝豆	30g
パルメザンチーズ	大さじ2
塩・こしょう	少々
オリーブ油	大さじ1／2

1 ハム、エリンギ、ピーマンは5mm角に刻む。

2 ボウルに卵を溶きほぐし、1 と枝豆、パルメザンチーズ、塩・こしょうを加えてよく混ぜる。

3 フライパンにオリーブ油を熱し、2 を入れる。かき混ぜながら焼き、形を整え裏返し、フタをして火が通るまで弱めの中火でしっかりと焼く。

4 8等分に切り分け、残りはラップに一つずつ包んで冷凍しておく。

プチトマトとうずら卵の豚巻き照り焼き

● 材料 (作りやすい量)

豚肉 (しゃぶしゃぶ用薄切り)	3枚
プチトマト	3個
うずらの卵 (水煮)	3個
片栗粉	適量
A しょうが(汁)	小さじ1
しょうゆ・みりん	各小さじ2
ごま油	小さじ1

1 豚肉は縦半分に切り片栗粉をまぶして、プチトマトとうずらの卵をそれぞれ巻く。

2 フライパンにごま油を熱し、1 の巻き終わりを下にして転がしながら焼く。焼き色がついてきたら、Aを加えて煮からめる。

...副菜に合わせるおかず4...

...副菜に合わせるおかず5...

カジキマグロとインゲンと
しいたけの梅照り焼き

● 材料 (作りやすい量)

カジキマグロ	小1切れ(70g)
片栗粉	適量
しいたけ	2枚
さやいんげん	4本
いりごま(白)	適量
A ねり梅・しょうゆ・みりん	各小さじ1
水	大さじ2
サラダ油	小さじ1

1 カジキマグロは2～3等分の棒状に切り、片栗粉をまぶしておく。しいたけとさやいんげんは半分に切る。

2 フライパンにサラダ油を熱し、カジキマグロを並べさっと表面を焼く。しいたけとさやいんげんを加え、混ぜ合わせたAを回し入れ、煮汁がなくなるまで中火で煮からめる。仕上げにごまをふる。

hot soup

唐辛子

レモングラス

しょうが

白きくらげ

酢

葛

チリ

クコの実

酒粕

長ねぎ

chapter 4

冷え性改善！ポカポカスープ
{10品}

カラダを温める食材を使い、
女性の大敵"冷え"に効果的なスープをご紹介します。
"冷え"は、万病の元ともいわれ、放っておくと
肩こり・腰痛・生理不順・不眠などを引き起こします。
ポカポカスープで夏の冷房や冬の寒さにも負けない、
冷え性知らずのカラダ作りを！

しょうがたっぷり参鶏湯風スープ

手羽中からじっくりスープを抽出。
においの気になる人はにんにくを入れなくてもOK

材料（1人分）

鶏手羽中	2本
塩	小さじ1／4
しょうが	1かけ
にんにく	1／2かけ
チンゲン菜	1〜2枚
雑穀米	1パック(20g)
鶏がらスープの素	小さじ1
水	3／4カップ
塩・こしょう	少々
ごま油	小さじ1／3

食べころ目安 4時間

カロリー 184kcal

ジャーの中身をチェック！

ぽかぽか食材【しょうが】
● 保温効果
● 免疫力UP

1 スープジャーに熱湯（材料外）を入れて、内フタをし温めておく。

2 鶏肉は骨にそって切り込みを入れ、塩をよくもみ込む。しょうがとにんにくは薄切りにする。チンゲン菜は1cm幅に切る。

3 鍋にスープの素、雑穀米、水、2を加えて強火にかけて煮立て、塩・こしょうで味を調える。熱いうちに湯を捨てたスープジャーに入れ、ごま油を回し入れてフタをする。

豆腐チゲスープ

キムチと一味唐辛子のW効果で
カラダの中から温まること間違いなし!

材料
(1人分)

絹ごし豆腐	1／4丁 (50g)
長ねぎ	1／3本 (30g)
キムチ	50g
わかめ (乾燥)	3g
もやし	40g
ごま油	小さじ1
A 鶏がらスープの素	小さじ1／2
みそ・みりん	各小さじ1
すりごま (白)	大さじ1
一味唐辛子	少々
熱湯	適量

食べごろ目安
3 時間

カロリー
172 kcal

ジャーの中身をチェック!

1 豆腐はさいの目に切り、長ねぎは斜め薄切りにする。キムチは耐熱皿に入れてごま油を混ぜ、レンジで30秒加熱する。

2 スープジャーに豆腐とねぎ、わかめ、もやし、熱湯を入れ1〜2分置いて、材料と本体を十分に温めてから湯きりをする。

3 2に1のキムチとAを加え、熱湯をラインまで注ぎフタをする。

ぽかぽか食材【唐辛子】
● 血行促進
● 脂肪燃焼

チリコンカルネスープ

ホクホクした豆とひき肉の旨みがたまらない。
トマト味のスパイシースープ

食べごろ目安
3
時間

カロリー
270
kcal

材料
(1人分)

ミックスベジタブル	50g
牛ひき肉	40g
レッドキドニービーンズ(水煮)	40g
玉ねぎ	10g
にんにく	1／2片
チリパウダー	小さじ1
A コンソメスープの素	小さじ1
トマト水煮	80g
水	1／3カップ
砂糖	小さじ1
塩	小さじ1／4
オリーブ油	小さじ1

1 スープジャーに熱湯（材料外）を入れて、内フタをし温めておく。

2 鍋にオリーブ油を熱し、ひき肉、みじん切りにした玉ねぎとにんにく、チリパウダーを加えて炒める。

3 ミックスベジタブルとレッドキドニービーンズ、Aを加え、全体がぐつぐつ煮えたら火をとめ、熱いうちに湯を捨てたスープジャーに入れてフタをする。

ぽかぽか食材【チリ】
●新陳代謝促進
●脂肪燃焼

ジャーの中身をチェック！

キノコとエビのトムヤムクンスープ

レモングラスの香りがさわやか。
夏に食べたいヘルシーなエスニックスープ

食べころ目安
2
時間

カロリー
83
kcal

材料
(1人分)

むきエビ	30g
たけのこ(水煮)	30g
しめじ	1／3袋(30g)
さやいんげん	3本
A 鶏がらスープの素	小さじ1／2
トムヤムペースト	小さじ2
砂糖	小さじ1／2
レモン汁	小さじ1弱
レモングラス	1／2本
熱湯	適量
香菜(パクチー)	適宜

1 たけのこは薄切りに、しめじは小房に分け、さやいんげんは3等分にする。

2 スープジャーに1とエビ、熱湯を入れ1〜2分置いて、材料と本体を十分に温めてから湯きりをする。

3 2にAと2〜3等分に切ったレモングラスを加え、熱湯をラインまで注ぎフタをする。香菜はお好みで。

ぽかぽか食材【レモングラス】
●血行促進
●疲労回復

ジャーの中身をチェック!

hot soup

根菜の粕汁

根菜のパワーで消化促進にも効果的。
酒粕のやさしい味が体をほっこり温めます

材料 (1人分)

ニンジン	20g
大根	20g
れんこん	30g
里いも	小1個(40g)
油揚げ	1／4枚
A だしの素	小さじ1
酒粕	10g
みそ	小さじ2
湯	大さじ1
しその葉	適量
熱湯	適量

食べごろ目安
3 時間

カロリー
148 kcal

ジャーの中身をチェック！

1 ニンジンと大根、れんこん、皮を
むいた里いもは6〜7mm厚さのい
ちょう切りに、油揚げは細切りに
する。

2 スープジャーに 1 と熱湯を入れ1
〜2分置いて、材料と本体を十分
に温めてから湯きりをする。

3 A を溶き混ぜ、2 に加えて熱湯を
ラインまで注ぎフタをする。しそ
の葉はお好みで。

ぽかぽか食材 【酒粕】

● コレステロール抑制
● 血行促進

ねぎと梅のもずくスープ

海藻たっぷりのヘルシースープ。
梅干の酸味が疲れたカラダを癒します

材料 (1人分)	
もずく酢	1パック
長ねぎ	5cm
豚肉(こま切れ)	20g
かいわれ大根	1/4パック
梅干	1個
すりごま(白)	小さじ1
水	1/2カップ
しょうゆ・みりん	各小さじ1/2

食べごろ目安
3時間

カロリー
101kcal

ジャーの中身をチェック!

ぽかぽか食材 [長ねぎ]

●血行促進
●疲労回復

1 スープジャーに熱湯(材料外)を入れて、内フタをし温めておく。長ねぎは縦半分に切りさらに斜め薄切り、豚肉は細切りにする。かいわれは長さを半分に切っておく。

2 鍋にすべての材料を入れてひと煮立ちさせ、湯を捨てたスープジャーに入れてフタをする。

春雨サンラータン

酢の酸味とラー油の辛みがクセになる。
カンタンなのに旨さは本格的！

材料（1人分）

春雨	20g
カニかまぼこ	2本
もやし	20g
たけのこ（水煮・細切り）	20g
しいたけ	1枚
チンゲン菜	1枚
卵	1／2個
A 鶏がらスープの素	小さじ1／2
しょうゆ・酢	各小さじ1
ラー油	適量
熱湯	適量

食べごろ目安 **2時間**

カロリー **151 kcal**

ジャーの中身をチェック！

ぽかぽか食材【酢】
● 血行促進
● ダイエット効果

1 春雨は食べやすい長さに切る。カニかまぼこは半分に切ってほぐす。しいたけは薄切り、チンゲン菜は細切りにする。

2 スープジャーに *1* と熱湯を入れ1〜2分置いて、材料と本体を十分に温めてから湯きりをする。

3 *2* に *1* ともやし、たけのこ、Aを加え、熱湯をラインの半分まで注ぐ。ときほぐした卵を入れてひと混ぜし、熱湯をラインまで注いでラー油をたらし、フタをする。

70

白きくらげとしょうがのホットフルーツスープ

ドライフルーツのホッとする甘さが
カラダを芯から温めてくれます

材料
(1人分)

白きくらげ	2g
リンゴ	1／6個
ドライフルーツ (あんず・プルーン)	各1個
しょうが (スライス)	2〜3枚
A はちみつ	大さじ1
桂花陳酒 (なければ梅酒かナシでもOK)	大さじ1
レモン汁	小さじ2
熱湯	適量

食べごろ目安
2時間

カロリー
165kcal

ジャーの中身をチェック!

ぽかぽか食材 [白きくらげ]
- 強壮作用
- 老化防止

1 白きくらげは水につけ少しやわらかくし、根元のかたい部分を切り落とす。リンゴはよく洗い皮つきのままいちょう切りにする。

2 スープジャーに1とドライフルーツ、しょうが、熱湯を入れ1〜2分置いて、材料と本体を十分に温めてから湯きりをする。

3 2にAを加え、熱湯をラインまで注ぎフタをする。

葛きりちゃんぽん

葛きりを和風のちゃんぽん仕立てに。
つるっとしたのどごしも魅力です

材料（1人分）

葛きり（水煮）	50g
玉ねぎ	20g
ニンジン	20g
キャベツ	1／2枚
かまぼこ（赤）	1／4本（30g）
A 白だしつゆ（3倍濃縮）	小さじ2
鶏がらスープの素	小さじ1
豆乳	1／4カップ
水	1／2カップ
ごま油	小さじ1／3

食べごろ目安 2時間　カロリー 163kcal

ジャーの中身をチェック！

1 玉ねぎは薄切りに、ニンジンは3〜4cm長さの細切りに、キャベツはざく切りに、かまぼこは短冊切りにする。

2 鍋に1とA、葛きりを入れて火にかけ、かき混ぜながら煮立つ直前に火をとめ、スープジャーに入れフタをする。

ぽかぽか食材【葛】
●血行促進
●風邪予防

薬膳蒸しスープ

カラダに効きそうな食材のオンパレード。
体調不良のときや日々の体調管理にもおすすめです！

材料（1人分）

タラ（生）	1／2切れ（60g）
きくらげ	小2枚
長ねぎ	3 cm
しいたけ（乾燥・スライス）	4～5枚
しょうが（スライス）	2枚
クコの実	大さじ1／2
ポン酢しょうゆ	大さじ1
こしょう	少々
熱湯	適量

ほかぽか食材【クコの実】

●肝機能強化
●滋養強壮

食べごろ目安 **4時間**

カロリー **73kcal**

ジャーの中身をチェック！

1 タラは半分に切る。きくらげはさっと洗う。長ねぎはぶつ切りにする。

2 スープジャーに1としいたけ、しょうが、クコの実、熱湯を入れ1～2分置いて、材料と本体を十分に温めてから湯きりをする。

3 2にポン酢しょうゆとこしょうを加え、熱湯をラインまで注ぎフタをする。

COLUMN

{ これで栄養バランスもバッチリ！

スープジャー+αのおかずカタログ
ポカポカ副菜 編

}

カラダを温める効果のあるスープには、さらに効果が高まる副菜を
組み合わせるのがベスト。体調がすぐれないときの滋養弁当の完成です。

…ポカポカスープに合わせるおかず1…

わかめとねぎとじゃこの卵焼き

● 材料（作りやすい量）

卵	2個
長ねぎ	3cm
わかめ（戻したもの）	10g
ちりめんじゃこ	5g
A みりん	大さじ1／2
しょうゆ	小さじ2／3
塩	少々
サラダ油	適量

1 長ねぎはみじん切りに、わかめはひと口大よりやや小さめに刻む。

2 ボウルに卵を溶きほぐし、1とA、じゃこを加えてよく混ぜる。

3 卵焼き器にサラダ油を熱し、2を2〜3回に分けて流し入れ焼く。

レンジ3色ナムル

…ポカポカスープに合わせるおかず2…

● 材料（作りやすい量）

大豆もやし	50g
小松菜	1株
ニンジン	20g
水	小さじ1
A にんにく（おろし）	小さじ1／2
塩	小さじ1／3
砂糖	小さじ1／3
ごま油・しょうゆ	各小さじ1／3
いりごま（白）	少量

1 大豆もやしはひげ根をとる。小松菜は3cm長さに切り、ニンジンは3cm長さの細切りにする。

2 耐熱ボウルに1を入れて水を振り入れて、ラップをしてレンジで2分加熱する。

3 2が熱いうちにAの材料と和える。

…ポカポカスープに合わせるおかず3…

ホウレンソウとささみの
ピリ辛酢味噌和え

● 材料（作りやすい量）

ホウレンソウ	1／3束（70g）
鶏ささみ	小1本（40g）
酒	大さじ1／2
A 白みそ	大さじ1
酢・砂糖	各小さじ2
だし汁	小さじ2
豆板醤	小さじ1／3〜1／2

1 ホウレンソウはさっとゆでて3cm長さに切り、水気をしっかりとしぼる。

2 鶏ささみは斜め半分に切り、耐熱皿にのせ酒をふりラップをふんわりとかけ、レンジで2分加熱する。粗熱がとれたら手で大きめにほぐす。

3 ボウルにAを混ぜ合わせ、1と2を入れて和え混ぜる。

カラフル野菜とピーナッツの炒めもの

…ポカポカスープに合わせるおかず4…

● 材料（作りやすい量）

パプリカ（赤・黄）	各1/4個
なす	1／2本
さやいんげん	3本
ピーナッツ	20g
A 酒・水	各大さじ1/2
塩・こしょう	少々
砂糖	小さじ1／3
酢	小さじ1／2
サラダ油	小さじ1

1 パプリカとなすは1cm角に、さやいんげんは1cm幅に切る。

2 フライパンにサラダ油を熱し、1を炒めつやが出たらAを回し入れる。汁気がなくなるまで炒め合わせ、最後にピーナッツを加えてざっくりと混ぜる。

…ポカポカスープに合わせるおかず5…

タコと小松菜コチュジャン炒め

● 材料（作りやすい量）

タコ（ゆで）	80g
小松菜	2株（60g）
ごま油	小さじ1
A コチュジャン	大さじ1
酢	小さじ1
しょうゆ・みりん	各小さじ1／2

1 タコは薄いそぎ切りに、小松菜は2〜3cm長さに切る。

2 フライパンにごま油を熱し、タコと小松菜の軸の部分をさっと炒めたら、Aと小松菜の葉の部分も加えて炒め合わせる。

chapter 5

フルーツたっぷり&ぷるぷる!
ひんやりデザート
{ 8品 }

スープジャーは、保温効力だけではなく
保冷効力もすぐれているので、冷たいデザートも作れます。
食後のデザートとしてはもちろん、
暑くて食欲がないときなどに、ひんやりとした
スープジャーデザートを楽しんでください。

cold dessert

フローズンフルーツの豆乳スムージー風

シャーベット状になったフルーツがひんやりしておいしい
甘さ控えめのヘルシードリンク♪

食べごろ目安
2
時間

カロリー
211
kcal

材料
（1人分）

マンゴー（冷凍）	50g
バナナ	小1本
豆乳（無調整）	3／4カップ
はちみつ	小さじ1〜2
ミントの葉	適宜

1 バナナは輪切りにしてラップで包み冷凍（約一晩）する。スープジャーは内フタをして冷蔵庫で冷やしておく。

2 スープジャーにバナナとマンゴーを入れ、豆乳とはちみつを入れてフタをする。ときどき上下にシェイクする。ミントの葉はお好みで。

ジャーの中身を
チェック！

78

フルーツとトマトのハニーマリネ

トマトの酸味がアクセント！
見た目もかわいいさっぱり味のフルーツマリネ

 食べごろ目安 **3** 時間

 カロリー **121** kcal

材料（1人分）

プチトマト	3個
オレンジ	1／2個（50g）
パイナップル	50g
A はちみつ	大さじ2
リンゴ酢	大さじ1／2

1 スープジャーは内フタをして冷蔵庫で冷やしておく。

2 オレンジ、パイナップルはプチトマトと同じ大きさに切り、スープジャーにプチトマトと**A**とともに入れてフタをする。

 ジャーの中身をチェック！

ティラミス風

マスカルポーネチーズは使いませんが、
味は間違いなくティラミスのひんやりケーキ

食べごろ目安
3時間

カロリー
439
kcal

材料
(1人分)

ロールケーキ	2切れ(60g)
インスタントコーヒー	小さじ2〜3
バニラアイスクリーム	1／2個(100ml)
バナナ	1／2本
ココアパウダー	適宜

1 スープジャーは内フタをして冷蔵庫で冷やしておく。ロールケーキはラップに包んで冷凍しておく。

2 スープジャーに、ロールケーキ、インスタントコーヒー、バニラアイスクリーム、輪切りにしたバナナを順に、各半量ずつ入れる。これをもう1度くり返しフタをする。ココアパウダーはお好みで。

ジャーの中身を
チェック！

白玉フルーツぜんざい

あんこと豆乳の絶妙なおいしさ！
あんこは粒あんでもこしあんでもお好みで

食べごろ目安
4
時間

カロリー
436
kcal

材料
（1人分）

串団子（あんこ）	2本
みかん缶	小1／3缶（40g）
栗甘露煮	1個
豆乳（無調整）	3／4カップ

1 串団子は串を外して2個ずつに分けてラップに包み冷凍（約一晩）する。スープジャーは内フタをして冷蔵庫で冷やしておく。

2 スープジャーに材料をすべて入れフタをする。

ジャーの中身を
チェック！

フルーツ寒天

食物繊維が豊富な寒天をたっぷり食べたい人におすすめ！
ダイエット中でも罪悪感の少ないデザート！？

食べごろ目安
4
時間

カロリー
141
kcal

材料（1人分）

フルーツミックス缶	小1缶（190g）
粉寒天	小さじ1（2g）
はちみつ	小さじ2〜3
水	適量
氷	50g

1　フルーツミックスはシロップと具を分け、シロップは水と合わせて3／4カップにする。具はラップで包み冷凍（約一晩）する。スープジャーは内フタをして冷蔵庫で冷やしておく。

2　鍋に1のシロップを入れ、粉寒天を振り入れ火にかける。沸騰したら1〜2分煮て寒天を溶かしてはちみつを加える。氷を加えて粗熱をとる。

3　スープジャーに1のフルーツと2を注ぎフタをする。

⌐ ジャーの中身を
チェック！ ⌐

ハーブコーディアルゼリー

コラーゲンたっぷりのぷるぷるゼリー。
濃縮ポーションはお好みのものでもOK

食べごろ目安
3
時間

カロリー
149
kcal

材料 (1人分)

コーディアルシロップ（濃縮）	1／4カップ
ブルーベリー（冷凍）	20g
粉ゼラチン	1袋（5g）
白ワイン（水でもOK）	大さじ2
水	3／4カップ
氷	3〜4個
ミントの葉	適宜

1 スープジャーは内フタをして冷蔵
庫で冷やしておく。

2 白ワインに粉ゼラチンを振り入れ
て湿らせ、レンジで20〜30秒加
熱し溶かしたら、コーディアルシ
ロップと水を加えてよく混ぜる。

3 スープジャーに2とブルーベリー、
氷を入れフタをして軽く振る。ミン
トの葉はお好みで。

ジャーの中身を
チェック！

カフェラテゼリーシェイク

クラッシュゼリー入りのバニラシェイク。
一度食べたらハマるおいしさ

材料
（1人分）

コーヒーゼリー（市販品）
　　　　　　　　2カップ（140g）

バニラアイスクリーム　　　50g

1　コーヒーゼリーはそのまま（約一晩）冷凍する。スープジャーは内フタをして冷蔵庫で冷やしておく。

2　スープジャーに 1 のコーヒーゼリーをカップから取り出して入れ、バニラアイスクリームを加えてフタをする。食べるときに混ぜてお好みの状態にしていただく。

ジャーの中身を
チェック！

抹茶豆乳タピオカ

タピオカのムギュッとした食感がたまらない。
抹茶と豆乳のヘルシーコンビドリンク

食べごろ目安
3時間

カロリー
194kcal

材料（1人分）

タピオカ（乾燥）	大さじ1（10g）
インスタント抹茶（有糖タイプ）	20g
豆乳（無調整）	3／4カップ
氷	3〜5個

1 タピオカはスープジャーに入れ、熱湯を注ぎ軽くかき混ぜてフタをし、そのまま4〜5時間置く。

2 1のタピオカをざるにあげて水気をきり、冷水ですすいだスープジャーに戻し入れ、混ぜ合わせたインスタント抹茶と豆乳を加え、氷を入れてフタをする。

ジャーの中身を
チェック！

スープジャーは
こんな使い方もできる！

スープジャーは普段の食卓でも
キッチンアイテムとして活躍します。
ここでは、お弁当の用途以外の使い方をいくつかご紹介します。
一家にひとつ、あると便利なスープジャーを
とことん使いこなしてください。

extra edition

✦✦✦✦✦✦✦✦✦✦✦ 番外編 1 ✦✦✦✦✦✦✦✦✦✦✦

スープジャーの活用術!

スープジャーは、外出先のランチ以外でも使い道は多種多様。
優れた保温効力を生かして持ち歩かないときはご家庭でも大活躍します。
実はこんな使い方もできるのです!

6時間で料理にすぐ使える!
乾燥豆から水煮を作る

> 通常は戻すだけでも一晩かかりますが、スープジャーの高い保温効力を利用すれば、一気に水煮の状態にすることができます。大豆なら「ミネストローネ(14ページ)」や「五目豆」などに、豆の種類を変えれば「チリコンカルネ(64ページ)」もおいしく作れます。

材料	
大豆(乾燥)	50g
熱湯	適量

1 大豆は洗って水気をきり、スープジャーに入れ、熱湯をラインまで注ぎフタをする。

2 そのまま6時間おいてザルにあげる。

※使わない分は、小分けにしてラップに包み冷凍庫で保存しましょう。

大豆をたっぷりの
水で洗う

水煮の
できあがり!

五目豆の作り方

材料(2人分)

大豆(水煮)	100g
こんにゃく	1/3枚
ニンジン	1/4本
れんこん	80g
さやいんげん	4〜5本
A めんつゆ(3倍濃縮)	
	大さじ2と1/2
だし汁	1/2カップ
ごま油	小さじ1

1 こんにゃく、ニンジン、れんこんは1cm角に切る。

2 鍋にごま油を熱し、*1* を炒めつやが出たら大豆とAを加えて、ときどきかき混ぜながら中火で煮る。

3 汁気がなくなってきたら、1cm幅に切ったさやいんげんを加えて火が通るまで煮る。

新鮮な豆乳とにがりだけで!
できたて手作り豆腐

無調整の豆乳とにがりさえあれば、いつでもできたて熱々の豆腐が楽しめます。冷やしてから食べてもおいしいです。にがりはスーパーの豆腐売り場などに売っています。にがりは1回で少量しか使用しないので、いろんな豆乳で作って味比べをしてみては!?

鍋の周囲がふつふつしてきたら火をとめる

にがりをさっと振り入れる

静かにスープジャーに注ぎ入れる

2時間後に手作り豆腐のできあがり!

材料		
豆乳(無調整)		1カップ
にがり		小さじ2
万能ねぎ(小口切り)		適宜

1 鍋に豆乳を入れ火にかけ、ふつふつと全体が煮立ってくる直前で火をとめる。

2 にがりを加えて静かに混ぜ、スープジャーに入れてフタをする。

3 約1時間でかたまり始め、2時間後には完成。万能ねぎはお好みで。

熱湯に入れるだけでできる!
失敗しない温泉卵

スープジャーは、実は温泉卵作りに最適な構造になっています。しかも冷蔵庫から出したての卵でOK! 他のおかずを作っている間に勝手にできちゃうので、もう1品欲しいときや、お料理にボリュームを出したいときに便利です。

材料 (2個分)	卵	2個
	熱湯	適量
	きざみ海苔	適宜

小さめの卵なら2個OK!

失敗知らず!

1 スープジャーに冷蔵庫から出したての卵を2個入れて、熱湯を注ぎフタをする。

2 2時間後(常温の卵なら1時間後)に取り出す。きざみ海苔はお好みで。

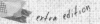

◆◆◆◆◆◆◆◆◆◆◆◆ 番外編2 ◆◆◆◆◆◆◆◆◆◆◆◆

お茶を煮出す

薬膳茶など、ゆっくり煮出すタイプの
お茶を入れる際にもスープジャーは役立ちます。
保温調理されるので、具もそのままいただけて、とってもヘルシー

｛ スープジャーで煮出すヘルシードリンク5品 ｝

体内からポカポカに！
豆乳チャイ

飲みごろ目安
2時間

冷えをやわらげるシナモンの香りと体
を温めるしょうがのWパワーで冷え知
らずに。しっかり煮出してからどうぞ。

材料
（1人分）

シナモンスティック	1本
しょうが（スライス）	1枚
紅茶（ティーバッグ）	1袋
豆乳	80g
きび砂糖	小さじ3〜4

1 小鍋に豆乳を入れてふつふつと煮
立ってくるまで温める。

2 スープジャーに *1* と残りの材料を
入れてフタをする。

ジャーの中身をチェック！

体熱をとってくれるゴーヤと万能薬と
もいわれる緑茶との組み合わせは夏
バテや暑気払いにピッタリ！

飲みごろ目安
1時間

暑い日に飲みたい1杯！
ゴーヤ緑茶

ジャーの中身をチェック！

材料
（1人分）

ゴーヤ（スライス）	1枚
緑茶	2〜3g
熱湯	適量

1 スープジャーに材料を入れて、熱
湯をラインまで注ぎ入れる。

血行や新陳代謝をよくする小豆と
体熱をとるハトムギを煮出すお茶。
むくみが気になる人にオススメ。

むくみ解消に効く！
小豆＋ハトムギ茶

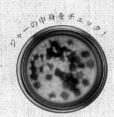

ジャーの中身をチェック！

材料（1人分）

小豆	10g
はとむぎ	10g
熱湯	適量

1 スープジャーに材料を入れて、熱
湯をラインまで注ぎ入れる。

疲れを感じたら！
梅干＋黒豆茶

腎の働きをよくする黒豆と疲労回
復の梅干し。どちらも滋養強壮に
役立つので、疲れたときにどうぞ。

材料（1人分）

梅干	1個
黒豆	15g
熱湯	適量

1 スープジャーに材料を入れて、熱
湯をラインまで注ぎ入れる。

ジャーの中身をチェック！

なつめは胃腸の調子を整え、
感情の起伏をおだやかにする
効果が。やわらかくなったなつ
めはそのまま食べましょう。

ストレスがたまったら！
なつめシナモン茶

ジャーの中身をチェック！

材料（1人分）

なつめ（乾燥）	1個
シナモンスティック	1本
熱湯	適量

1 スープジャーに材料を入れて、熱
湯をラインまで注ぎ入れる。

野菜・くだもの 索引

索引

その他

料理監修

金丸絵里加　Erika・Kanamaru

管理栄養士・料理研究家・フードコーディ
ネーター。
女子栄養大学や武蔵野調理師専門学校の講
師を務める他、飲食店のメニュー開発などに
たずさわる。誰もが家庭で楽しくおいしく健
康管理ができるような料理を提案する。著書
に『ルクエ スチームケースで野菜たっぷりレ
シピ』（小学館）、『ポリ袋でつくる魔法のレ
シピ70』（小社）などがある。

staff

撮影	井上新一郎
デザイン	芝山智津子　嶋田沙織　東妻詩織　仙次織絵　平之山聡子 （primary inc.,）
表紙デザイン	前島　綾（primary inc.,）
編集・スタイリング	大橋友紀（Y'sGARDEN）・太田綾子
Special Thanks！	サーモス株式会社 象印マホービン株式会社 株式会社NYプランニング （敬称略）

新装版
朝入れるだけでほかほか＆ひえひえ
スープジャーで作る
すてきなヘルシーランチ

2020年3月10日　初版発行
印刷・製本　株式会社光邦

発行者　近藤和弘
発行所　東京書店株式会社
〒101-0051　東京都千代田区神田神保町3-5
住友不動産九段下ビル9F
Tel.03-5212-4100
Fax.03-5212-4102
http://www.tokyoshoten.net